kool - isikole	2
reisimine - ukuhamba	5
transport - izinto zokuhamba	8
linn - idolobha	10
maastik - ingadi	14
restoran - isitolo sokudlela	17
supermarket - emakethe enkulu	20
joogid - iziphuzo	22
toit - ukudla	23
talu - ifamu	27
maja - indlu	31
elutuba - igumbi lokuhlala	33
köök - ikhishi	35
vannituba - igumbi lokugeza	38
lastetuba - igumbi lezingane	42
riietus - izimpahla	44
kontor - i-ofisi	49
majandus - umnotho	51
ametid - imisebenzi	53
tööriistad - amathuluzi	56
pillid - izinsimbi zomculo	57
loomaaed - esiqiwini	59
sport - imidlalo	62
tegevused - imisebenzi	63
perekond - umndeni	67
keha - umzimba	68
haigla - isibhedlela	72
hädaolukord - izimo eziphuthumayo	76
Maa - Umhlaba	77
kell - iwashi	79
nädal - iviki	80
aasta - unyaka	81
kujundid - amasheyphu	83
värvid - imibala	84
vastandid - izinto ezingafani	85
numbrid - izinombolo	88
keeled - izilimi	90
kes / mis / kuidas - ubani / ini / kanjani	91
kus - kuphi	92

Impressum
Verlag: BABADADA GmbH, Nedderfeld 112 , 22529 Hamburg
Geschäftsführer / Verlagsleitung: Harald Hof
Druck: Books on Demand GmbH, In de Tarpen 42, 22848 Norderstedt

Imprint
Publisher: BABADADA GmbH, Nedderfeld 112 , 22529 Hamburg, Germany
Managing Director / Publishing direction: Harald Hof
Print: Books on Demand GmbH, In de Tarpen 42, 22848 Norderstedt

kool
isikole

- jagama / divayda
- tahvel / ibhodi
- klassiruum / ikilasi
- õpetaja / uthisha
- koolihoov / igceke lesikole
- paber / iphepha
- pastapliiats / ipeni
- kirjutuslaud / ideski
- kirjutama / bhala
- joonlaud / irula
- raamat / incwadi
- õpilane / umuntu

koolikott
isikhwama

pinal
isikwama sepeni

harilik pliiats
ipensela

pliiatsiteritaja
umshini wokulola

kustukumm
irabha

joonistusplokk
indawo yokudweba

joonistus
ukudweba

pintsel
ibrashi lokupenda

värvikarp
ibhokisi lokupenda

käärid
isikelo

liim
inomfi

töövihik
incwadi yesikole

kodutöö
msebenzi wasekhaya

number
inamba

liitma
hlanganisa

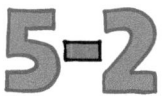
lahutama
susa

korrutama
phindaphinda

arvutama
bala

täht
incwadi

tähestik
izinhlamvu zamagama

sõna
igama

kool - isikole

tekst	lugema	kriit
umbhalo	funda	ushoki

koolitund	klassipäevik	eksam
isifundo	bhalisa	isivivinyo

tunnistus	koolivorm	haridus
isitifiketi	iyunifomu yesikole	imfundo

entsüklopeedia	ülikool	mikroskoop
i-encyclopedia	inyuvesi	isibonakhulu

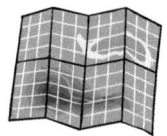 

kaart	paberikorv
ibalazwe	ibhaskidi yokulahla amaphepha

kool - isikole

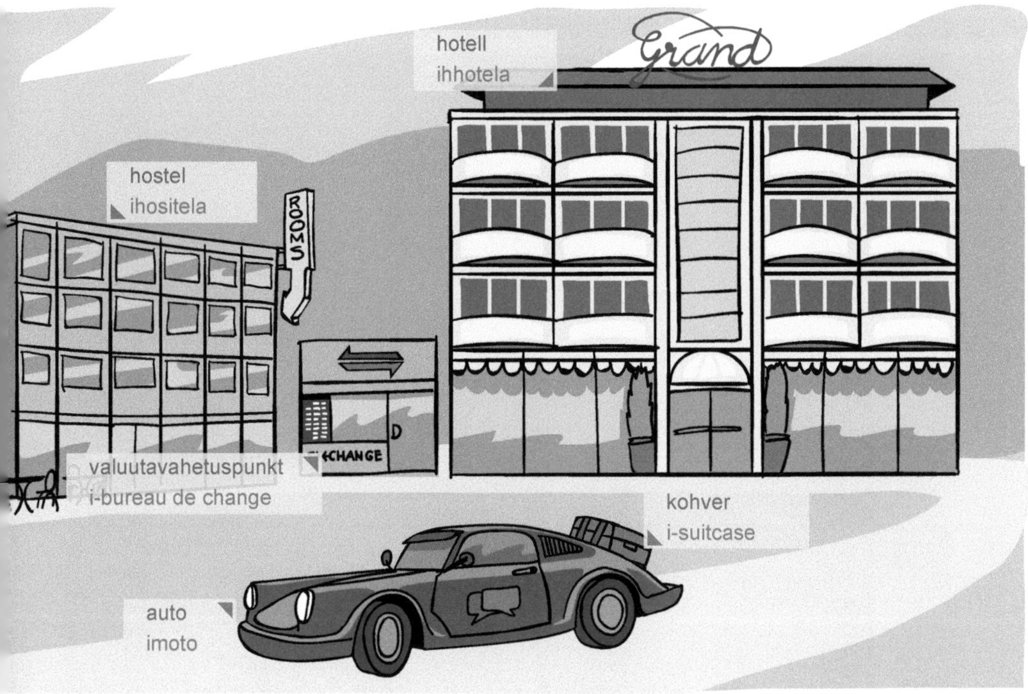

reisimine
ukuhamba

hotell
ihhotela

hostel
ihositela

valuutavahetuspunkt
i-bureau de change

kohver
i-suitcase

auto
imoto

keel
ulimi

jah / ei
yebo / cha

okei
kulungile

Tere!
sawubona

tõlk
umhumushi

Aitäh!
Ngiyabonga

reisimine - ukuhamba

Kui palju maksab …?
iyimalini i...?

Ma ei saa aru
angiqondi

probleem
inkinga

Tere õhtust!
Intambama enhle!

Tere hommikust!
Sawubona!

Head ööd!
Ulale kahle!

Head aega!
bye bye

suund
isiqondiso

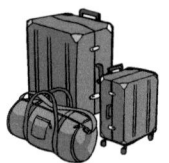

pagas
izikhwama

kott
isikhwama

seljakott
ubhakha

külaline
isivakashi

tuba
igumbi

magamiskott
isikhwama sokulala

telk
ithende

reisimine - ukuhamba

turismiinfo	rand	krediitkaart
iningwane yamathoristi	ulwandle	ikhadi lesikweletu

hommikusöök	lõunasöök	õhtusöök
ukudla kwasekuseni	ukudla kwasemini	ukudla kwasebusuku

pilet	lift	postmark
ithikithi	i-lift	isitembu

riigipiir	toll	saatkond
ibhoda	amasiko	inxusa

viisa	pass
ivisa	iphasiphothi

reisimine - ukuhamba

transport
izinto zokuhamba

lennuk / indiza

laev / iskebhe

tuletõrjeauto / injini yomlilo

veoauto / iloli

buss / ibhasi

mootorpaat / isikebhe senjini

jalgratas / isithuthuthu

auto / imoto

praam
isikebhe

paat
isikebhe

mootorratas
isithuthuthu

politseiauto
imoto yamaphoyisa

võidusõiduauto
imoto ejahayo

rendiauto
imoto eqashiwe

transport - izinto zokuhamba

ühisauto
ukurenta imoto

puksiirauto
iloli eliphukile

prügiauto
ithrakhi

mootor
injini

kütus
amafutha

tankla
indawo yokuthela uphethiloli

liiklusmärk
uphawu lwethrafikhi

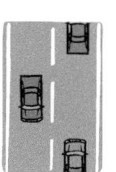
liiklus
ithrafikhi

liiklusummik
ithrafikhi enkulu

parkla
awo yokupaka izimoto

raudteejaam
isitashi sesitimela

rööpad
amaloli

rong
isitimela

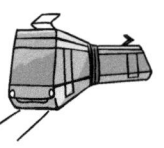
tramm
ithilamu

vagun
inqola

transport - izinto zokuhamba

helikopter	lennujaam	torn
ihelikhoptha	isikhungo sezindiza	umphongolo

reisija	konteiner	pappkast
iphasenja	ikhonteyna	ikhathoni

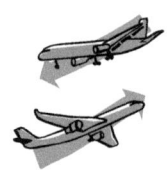

käru	korv	õhku tõusma / maanduma
inqola	ubhasikidi	ukusuka / ukwehla

linn
idolobha

küla	kesklinn	maja
isigodi	i-city centre	indlu

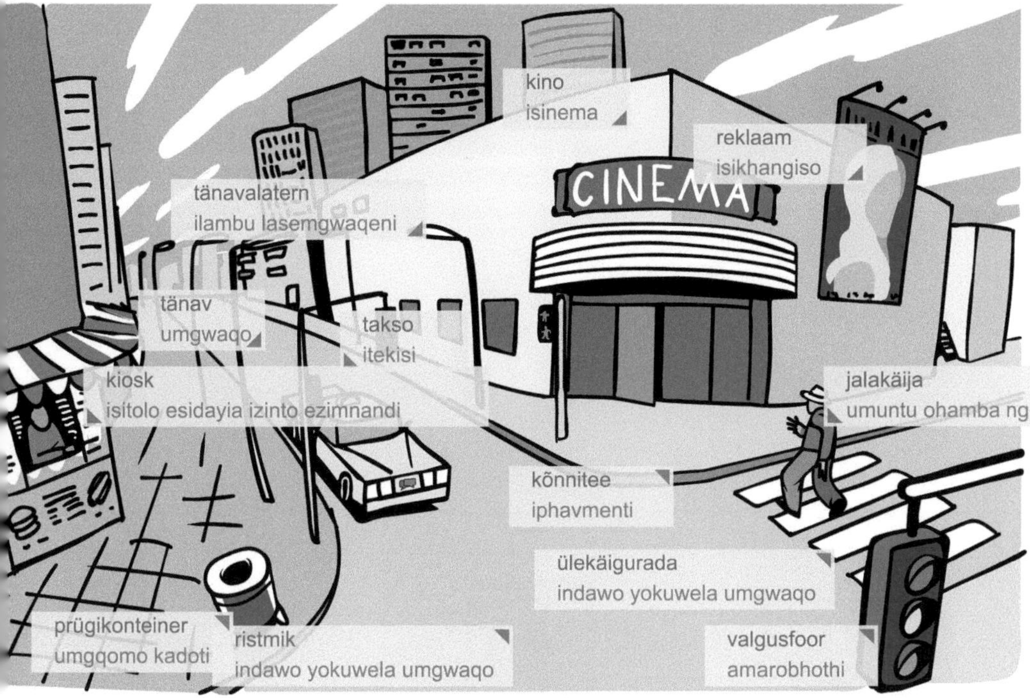

kino
isinema

reklaam
isikhangiso

tänavalatern
ilambu lasemgwaqeni

tänav
umgwaqo

takso
itekisi

kiosk
isitolo esidayia izinto ezimnandi

jalakäija
umuntu ohamba nge

kõnnitee
iphavmenti

ülekäigurada
indawo yokuwela umgwaqo

prügikonteiner
umgqomo kadoti

ristmik
indawo yokuwela umgwaqo

valgusfoor
amarobhothi

osmik
indlu yodaka

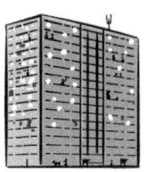

kortermaja
i-flat

raudteejaam
isitashi sesitimela

raekoda
i-town hall

muuseum
imuzilemu

kool
isikole

linn - idolobha

ülikool
inyuvesi

pank
ibhange

haigla
isibhedlela

hotell
ihhotela

apteek
ikhemisi

kontor
i-ofisi

raamatupood
isitolo sezincwadi

kauplus
esitolo

lillepood
istolo sezimbali

supermarket
emakethe enkulu

turg
imakethe

kaubamaja
isitolo somnyango

kalapood
i-fishmonger's

kaubanduskeskus
isikhungo sezitolo

sadam
isikhungo semikhumbi

linn - idolobha

park
ipaki

pink
ibhentshi

sild
ibhuloho

trepp
izitezi

metroo
ngaphansi komhlaba

tunnel
umhubhe

bussipeatus
istobhu sebhasi

baar
i-bar

restoran
isitolo sokudlela

postkast
eposini

tänavasilt
uphawu lwasemgwaqeni

parkimisautomaat
umshini wokukhokhela ukupaka

loomaaed
esiqiwini

ujula
indawo yokubhukuda

mošee
i-mosque

linn - idolobha

talu
ifamu

reostus
ukungcola

surnuaed
amagcwaba

kirik
isonto

mänguväljak
igrawundi lokudlala

tempel
ithempeli

maastik
ingadi

leht
icembe

teeviit
mpambano mgwaqo

tee
indlela

aas
idlelo

kivi
itshe

puu
isihlahla

matkaja
umqwali wezintaba

jõgi
umfula

rohi
utshani

lill
imbali

org
isigodi

mägi
intaba

järv
ichibi

mets
ihlathi

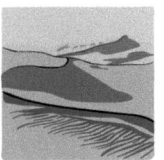

kõrb
ogwadule

vulkaan
intaba mlilo

linnus
isigodlo

vikerkaar
uthingo

seen
ikhowe

palm
isihlahla sesundu

sääsk
umiyane

kärbes
ukundiza

sipelgas
intuthwane

mesilane
inyosi

ämblik
isicabucabu

mardikas
ibhungane

konn
ixoxo

orav
i-squirrel

siil
i-hedgehog

jänes
unogwaja

öökull
isikhova

lind
izinyoni

luik
idada

metssiga
intibane

hirv
inyamazane

põder
i-moose

pais
idamu

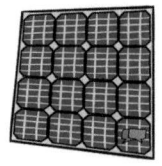

tuuleturbiin
i-wind turbine

päikesepaneel
i-solar panel

kliima
isimo sezulu

maastik - ingadi

restoran
isitolo sokudlela

- kelner / uweyita
- menüü / imenu
- tool / isihlalo
- supp / isobho
- söögiriistad / ikhathilari
- pitsa / i-pizza
- laudlina / indwangu yasetafuleni

eelroog
ukudla okulula

pearoog
isidlo

magustoit
idizethi

joogid
iziphuzo

toit
ukudla

pudel
ibhodlela

restoran - isitolo sokudlela

kiirtoit
ukudla okulula

tänavatoit
ukudla okudayiswa emgwaqeni

teekann
ithiphothi

suhkrutoos
isitsha sikashukela

portsjon
ingxenye

espressomasin
umshini we-ekspreso

lastetool
isitulo esiphezulu

arve
izindleko

kandik
ithreyi

nuga
ummese

kahvel
imfologo

lusikas
ispuni

teelusikas
ithispuni

salvrätik
indawo yokusula umlomo

klaas
igilasi

restoran - isitolo sokudlela

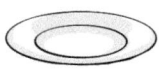
taldrik
ipuleti

supitaldrik
ipuleti lesobho

alustass
isoso

kaste
isosi

soolatoos
isitsha sasawoti

pipraveski
isitsha sephepha

äädikas
uviniga

õli
amafutha

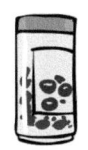
vürtsid
izinongo

ketšup
isosi yetamatisi

sinep
isosi yesinaphi

majonees
imayonesi

restoran - isitolo sokudlela

supermarket
emakethe enkulu

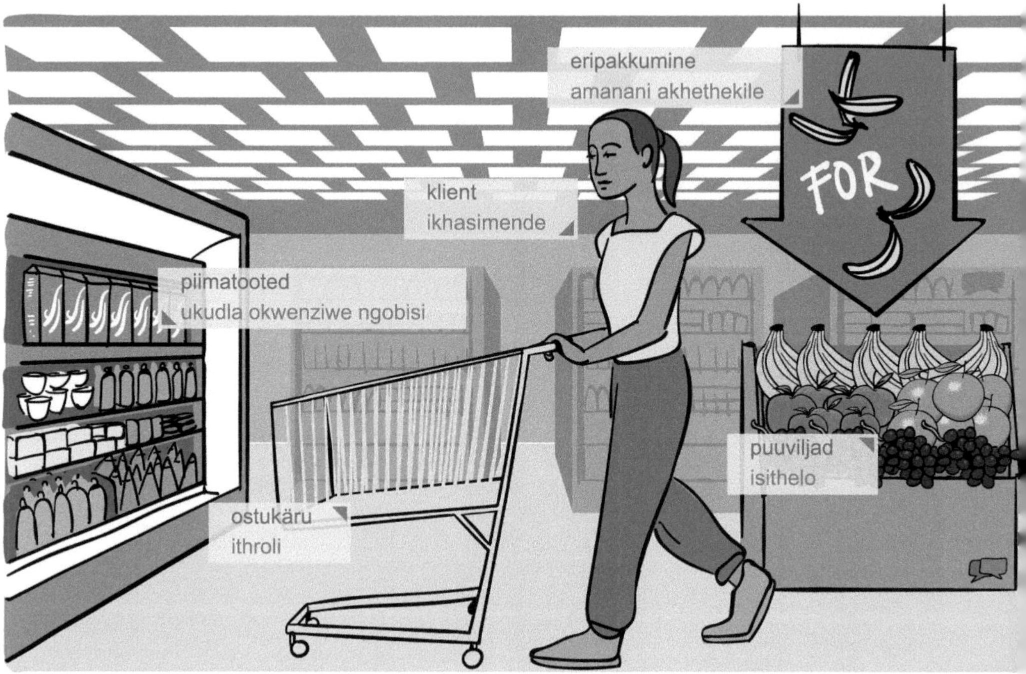

eripakkumine
amanani akhethekile
FOR
klient
ikhasimende
piimatooted
ukudla okwenziwe ngobisi
puuviljad
isithelo
ostukäru
ithroli

BUTCHERS

lihapood

ebhusha

BAKERY

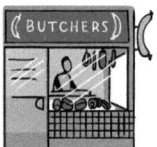

pagariäri

isitolo esidayisa isinkwa

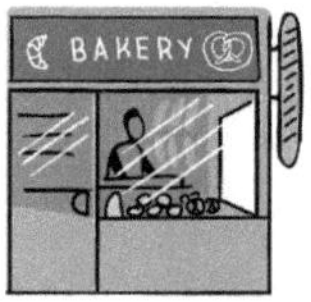

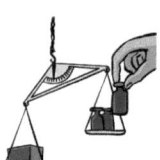

kaaluma

kala

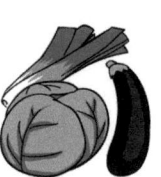

köögiviljad

amaveji

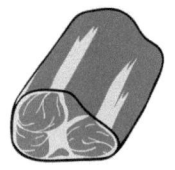

liha

inyama

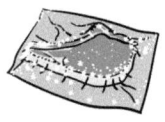

külmutatud toit

ukudla okubandayo

lihalõigud	konservid	pesupulber
inyama ebandayo	ukudla okusethinini	insipho yokuwasha enguphawuda

maiustused	majatarbed	puhastustooted
oswidi	izinto zasendlini	izinto zokuhlanza

müüja	kassaaparaat	kassapidaja
umuntu odayisayo	ithili	umbali wemali

ostunimekiri	lahtiolekuajad	rahakott
to okumelwe zithengwe	amahora okuvula	uwolethi

krediitkaart	kott	kilekott
ikhadi lesikweletu	isikhwama	isikwama sepulastiki

supermarket - emakethe enkulu

joogid
iziphuzo

vesi
amanzi

mahl
ijusi

piim
ubisi

koola
i-coke

vein
iwayini

õlu
ubhiya

alkohol
utshwala

kakao
i-cocoa

tee
itiye

kohv
ikhofi

espresso
i-ekspreso

cappuccino
ikhaphachino

toit
ukudla

banaan
ubhanana

õun
i-apula

apelsin
i-olintshi

arbuus
ikhabe

sidrun
ulamula

porgand
ukherothi

küüslauk
ugaligi

bambus
umhlanga

sibul
u-anyanisi

seen
ikhowe

pähklid
amakinati

nuudlid
ama-noodle

toit - ukudla

spagetid
isipagethi

riis
iraysi

salat
isaladi

friikartulid
ama-chips

praekartulid
amazambane athosiwe

pitsa
i-pizza

hamburger
ibhega

võileib
isendiwichi

šnitsel
inyama engenathambo

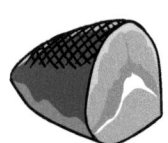

sink
ham

salaami
salami

vorst
isoseji

kana
inkukhu

praeliha
yosiwe

kala
inhlanzi

toit - ukudla

kaerahelbed
iphalishi le-oats

müsli
i-muesli

maisihelbed
ama-cornflakes

jahu
uflulawa

sarvesai
i-croissant

kukkel
isinkwa esiyiroli

leib
isinkwa

röstsai
i-toast

küpsised
amabhiskidi

või
ibhotela

kohupiim
i-curd

kook
ikhekhe

muna
iqanda

praemuna
iqanda elithosiwe

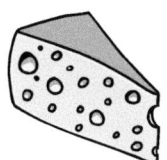
juust
ushizi

toit - ukudla

jäätis	suhkur	mesi
i-ice cream	ushukela	uju

moos	pähklivõie	karri
ujamu	ispredi sikashokholedi	isitshulu

toit - ukudla

talu
ifamu

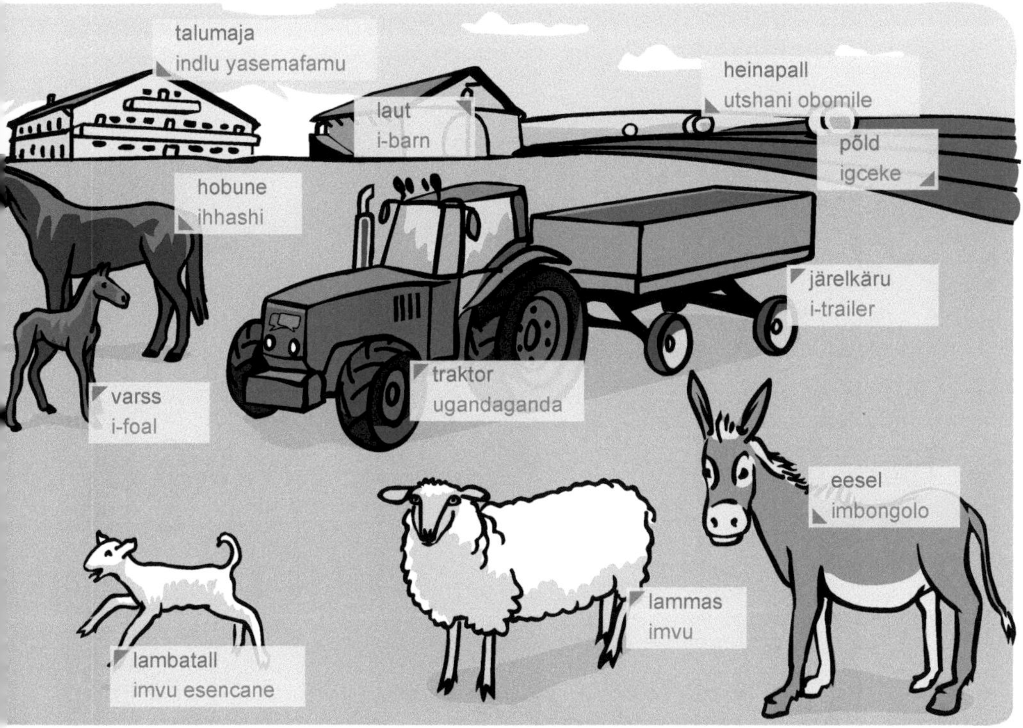

talumaja — indlu yasemafamu
laut — i-barn
heinapall — utshani obomile
põld — igceke
hobune — ihhashi
järelkäru — i-trailer
varss — i-foal
traktor — ugandaganda
eesel — imbongolo
lammas — imvu
lambatall — imvu esencane

kits
imbuzi

lehm
inkomo

vasikas
ithole

siga
ingulube

põrsas
ingulube esencane

pull
inkunzi

talu - ifamu

hani ihansi	part idada	tibu ichwane

kana isikhukhukazi	kukk iqhude	rott igundwane

kass ikati	hiir igundwane	härg inkabi

koer inja	koerakuut indlu yenja	aiavoolik ipayipi lokunisela

kastekann ikani lokunisela	vikat ucelemba	ader igeja

talu - ifamu

sirp
isikela

kõblas
ukhuba

hang
imfoloko

kirves
imbazo

käru
ibhala

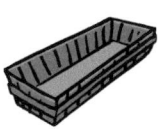

küna
umkhombe

piimanõu
ubusi olusekanini

kott
isaka

tara
ifensi

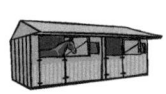

tall
esitebhilini

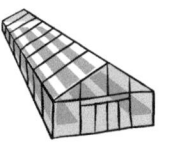

kasvuhoone
i-greenhouse

muld
inhlabathi

seeme
imbewu

väetis
umanyolo

kombain
ukuvuna okuhlanganisiwe

talu - ifamu

saaki koristama
vuna

saagikoristus
isivuno

jamss
ama-yam

nisu
ukolweni

soja
umbhontshisi

kartul
amazambane

mais
ummbila

raps
i-rapeseed

viljapuu
isihlahla sezithelo

maniokk
umdumbula

teravili
amasiriyeli

talu - ifamu

maja
indlu

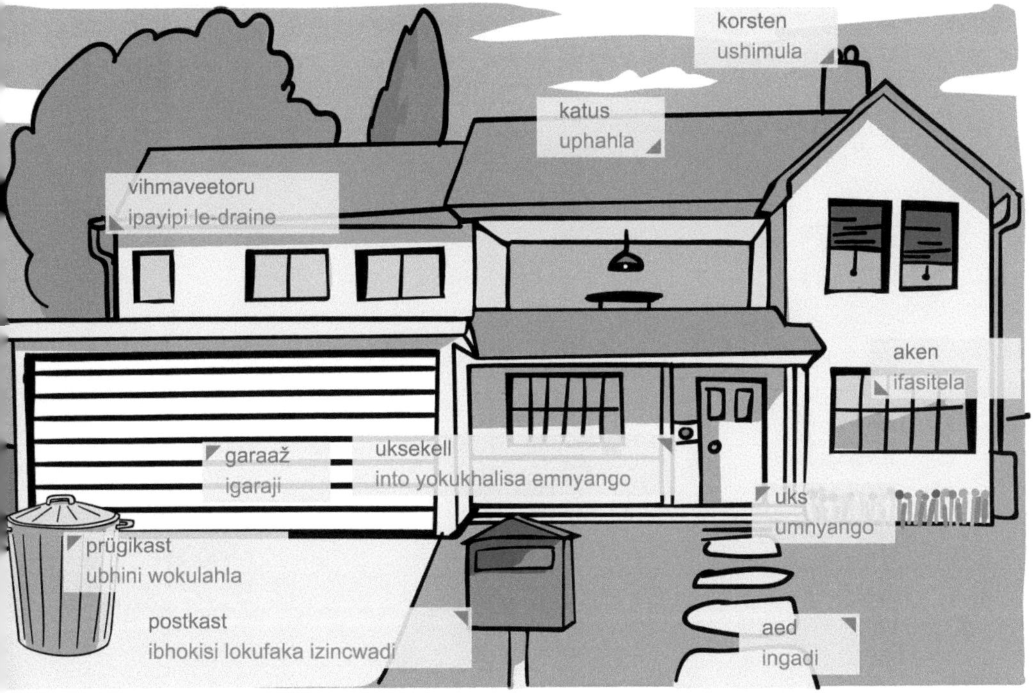

korsten / ushimula
katus / uphahla
vihmaveetoru / ipayipi le-draine
aken / ifasitela
garaaž / igaraji
uksekell / into yokukhalisa emnyango
uks / umnyango
prügikast / ubhini wokulahla
postkast / ibhokisi lokufaka izincwadi
aed / ingadi

elutuba
igumbi lokuhlala

vannituba
igumbi lokugeza

köök
ikhishi

magamistuba
igumbi lokulala

lastetuba
igumbi lezingane

söögituba
igumbi lokudlela

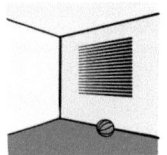
põrand
phansi

sein
udonga

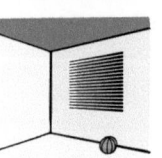
lagi
usilingi

kelder
i-cella

saun
i-sauna

rõdu
ibhalconi

terrass
i-terrace

bassein
iphuli

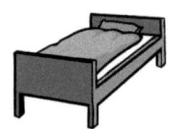
muruniiduk
umshin wokugunda utshani

voodilina
ishidi

päevatekk
ingubo yokulala

voodi
umbhede

luud
umshanelo

ämber
ibhakede

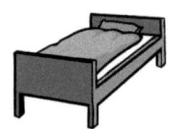
lüliti
i-switch

maja - indlu

elutuba
igumbi lokuhlala

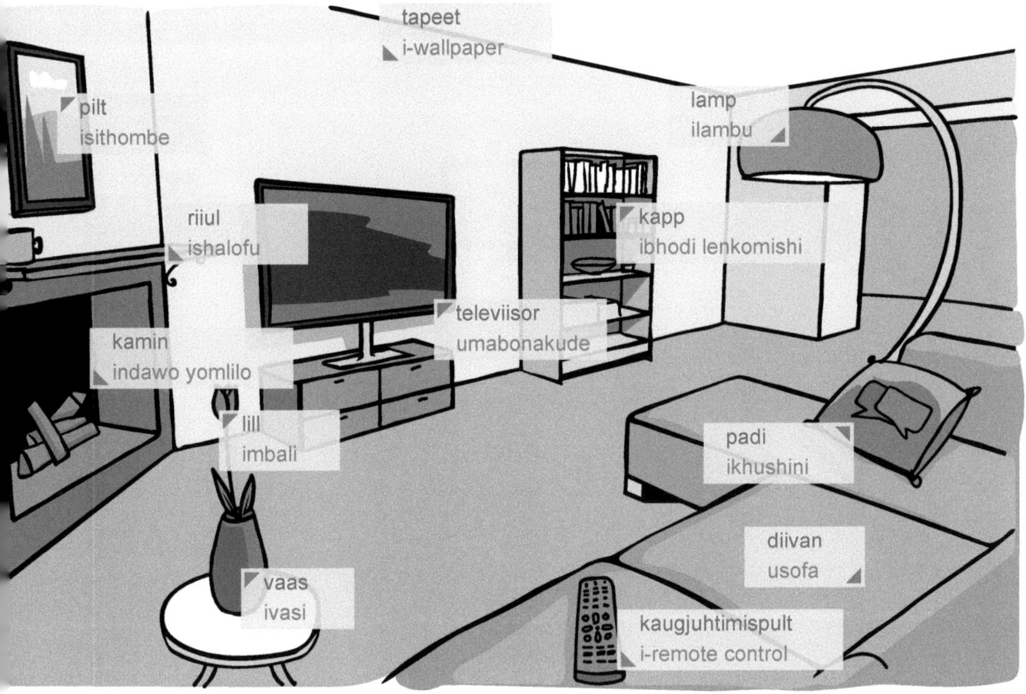

- tapeet / i-wallpaper
- pilt / isithombe
- lamp / ilambu
- riiul / ishalofu
- kapp / ibhodi lenkomishi
- kamin / indawo yomlilo
- televiisor / umabonakude
- lill / imbali
- padi / ikhushini
- vaas / ivasi
- diivan / usofa
- kaugjuhtimispult / i-remote control

vaip
ukhaphethe

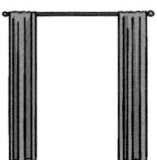

kardin
ikhethini

laud
itafula

tool
isihlalo

kiiktool
isihlalo esinyakazayo

tugitool
isihlalo esingangengalo

raamat
incwadi

tekk
ingubo

kaunistus
ukuhlobisa

küttepuud
izinkuni zokubasa

film
ifilimu

helisüsteem
izinto ze-hi-fi

võti
ukhiye

ajaleht
iphephandaba

maal
ukupenda

plakat
iphosta

raadio
umsakazo

märkmik
i-notepad

tolmuimeja
ihuva

kaktus
i-cactus

küünal
ikhandlela

elutuba - igumbi lokuhlala

köök
ikhishi

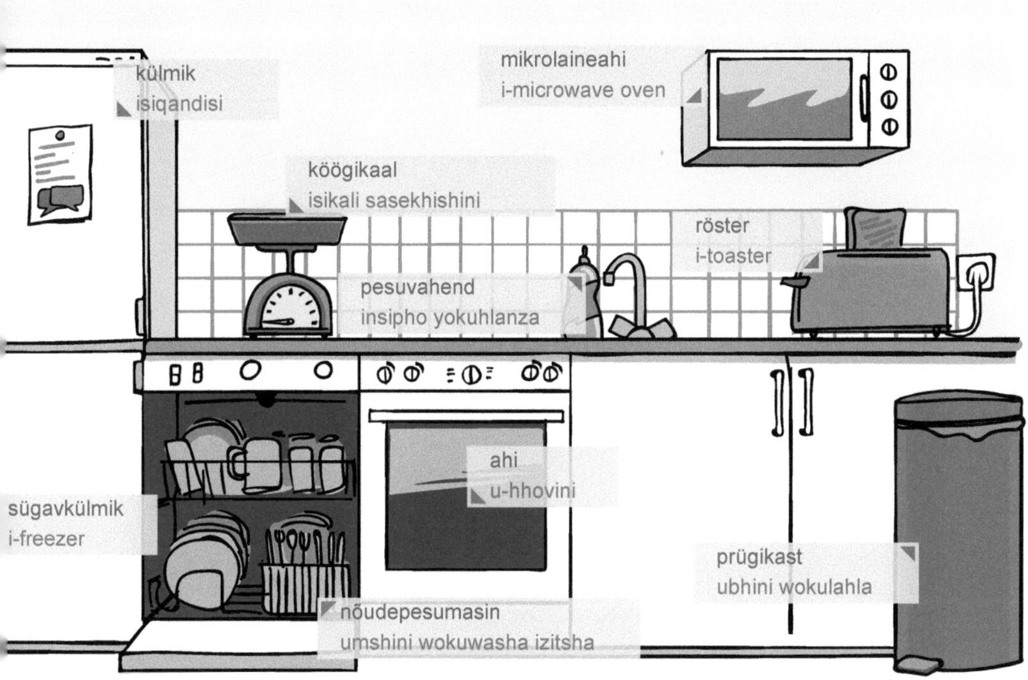

külmik
isiqandisi

mikrolaineahi
i-microwave oven

köögikaal
isikali sasekhishini

röster
i-toaster

pesuvahend
insipho yokuhlanza

ahi
u-hhovini

sügavkülmik
i-freezer

prügikast
ubhini wokulahla

nõudepesumasin
umshini wokuwasha izitsha

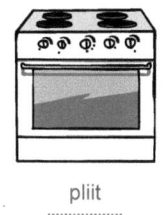

pliit
umshini wokupheka

pott
ibhodwe

malmpott
ibhodwe le-cast iron

vokkpann
i-wok / kadai

pann
ipani

veekeetja
iketela

köök - ikhishi 35

aurutaja
i-steamer

küpsetusplaat
ithreyi lokubhaka

lauanõud
izitsha zokudla

kruus
imaki

kauss
isitsha

söögipulgad
izinti zendwangu

kulp
isixembe sokuphaka

pannilabidas
ispathula

vispel
i-whisk

kurn
i-strainer

sõel
isisefo

riiv
igretha

uhmer
isitsha sodaka

grill
i-barbecue

lahtine tuli
umlilo

köök - ikhishi

lõikelaud
ibhodi lokuqoba

tainarull
ipini lokurola

korgitser
iskrew

konservipurk
ikani

konserviavaja
into yokuvula ikani

pajakinnas
indwangu yokubamba ibhodwe

kraanikauss
usinki

hari
i-brush

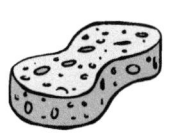
pesukäsn
isiponji

kannmikser
ibhlenda

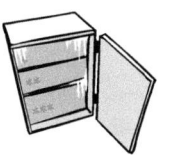
sügavkülmuti
i-deep freezer

lutipudel
ibhodlela lengane

segisti
umpompi

köök - ikhishi

vannituba
igumbi lokugeza

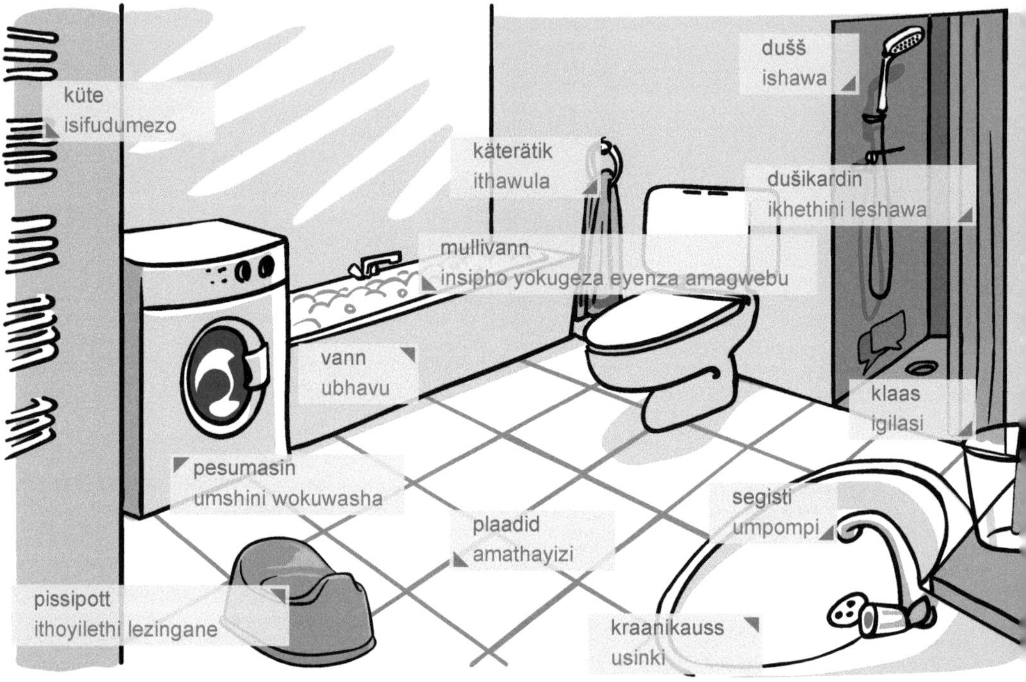

- dušš / ishawa
- küte / isifudumezo
- käterätik / ithawula
- dušikardin / ikhethini leshawa
- mullivann / insipho yokugeza eyenza amagwebu
- vann / ubhavu
- klaas / igilasi
- pesumasin / umshini wokuwasha
- plaadid / amathayizi
- segisti umpompi
- pissipott / ithoyilethi lezingane
- kraanikauss / usinki

WC-pott
ithoyilethi

kükitamistualett
ithoyilethi oqoshama kuyo

bidee
ithoyilethi le-bidet

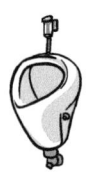

pissuaar
ithoyilethi lokuchama labesilisa

tualettpaber
iphepha lasethoyilethi

WC-hari
ibhrashi lasethoyilethi

hambahari

ibhrashi lamazinyo

hambapasta

insipho yamazinyo

hambaniit

into yokuvungula

pesema

washa

käsidušš

ishawa ebanjwa ngesandla

intiimdušš

uchatho

pesukauss

u-basini

seljahari

ibrashi lomhlane

seep

insipho

dušigeel

ijeli yeshawa

šampoon

ishampu

vamm

ishethi lesikoshi

äravool

i-drain

kreem

ukhilimu

deodorant

into yokugcoba amakhwapha

vannituba - igumbi lokugeza

peegel
isibuko

käsipeegel
isibuko esiphathwa ngesandla

habemenuga
ireyza

raseerimisvaht
igwebu lokushefa

habemevesi
umuthi ogcotshwa ngemva kokushefa

kamm
ikama

hari
ibhrashi

föön
into yokomisa izinwele

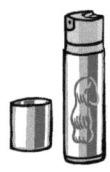
juukselakk
ispreyi sezinwele

meigikomplekt
i-makeup

huulepulk
into yokugcoba umlomo

küünelakk
into yokususa upende wezinzipho

vatt
uwuli kakotini

küünekäärid
isikelo sezinzipho

parfüüm
isigqolo

vannituba - igumbi lokugeza

tualett-tarvete kott
isikhwama sezinto zokugeza

taburet
isitulo

kaal
isikali

hommikumantel
ingubo yokugeza

kummikindad
amagilavu erabha

tampoon
ithemponi

hügieeniside
iphedi yasesikhathini

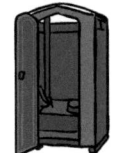
keemiline tualett
ithoyilethi lekhemikhali

lastetuba
igumbi lezingane

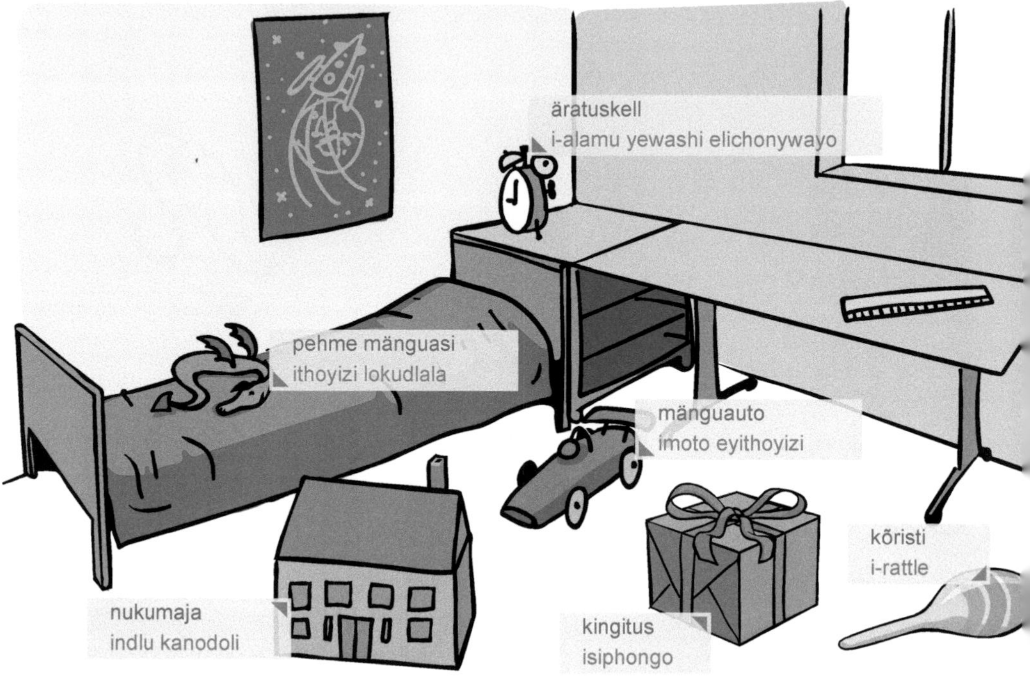

äratuskell
i-alamu yewashi elichonywayo

pehme mänguasi
ithoyizi lokudlala

mänguauto
imoto eyithoyizi

nukumaja
indlu kanodoli

kingitus
isiphongo

kõristi
i-rattle

õhupall
ibhaluni

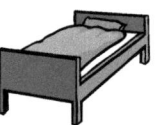

voodi
umbhede

lapsevanker
iphremu

kaardipakk
amakhadi

pusle
i-jigsaw

koomiks
indaba edwetshiwe

Lego klotsid
amabrick elego

klotsid
amabhuloksi okwakha

kujuke
unodoli weqhawe

siputuspüksid
izimpahla zezingane

lendav taldrik
i-frisbee

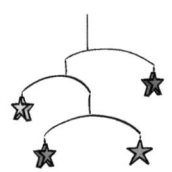
voodikarussell
amathoyizi ezingane alengayo

lauamäng
bhodi lokudlala igemu

täringud
idayisi

mudelrong
isethi yesitimela

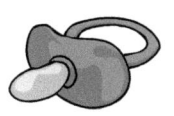
lutt
idemu

pidu
iphathi

pildiraamat
incwadi yezithombe

pall
ibhola

nukk
unodoli

mängima
dlala

lastetuba - igumbi lezingane

liivakast	kiik	mänguasjad
umgodi wenhlabathi	uzwinki	amathoyizi

mängukonsool	kolmerattaline jalgratas	mängukaru
umshini wamavidiyo geymu	ibhayisikili elinemasondo amathathu	uthedibhe

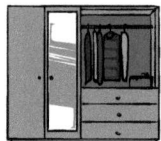

riidekapp
u-wardrobe

riietus
izimpahla

sokid	sukad	sukkpüksid
amasokisi	amastokhingi	amathayithi

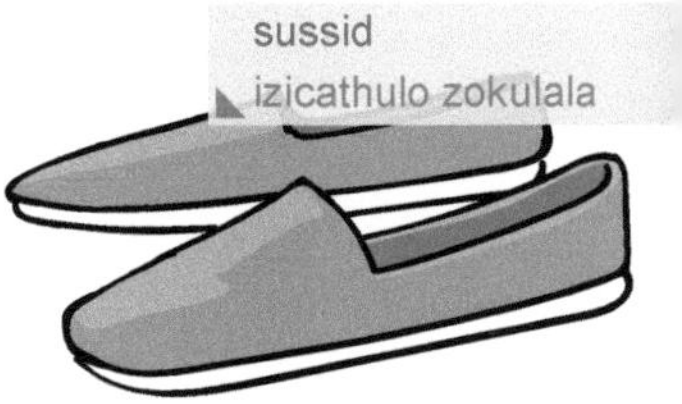

sall
isikhafu

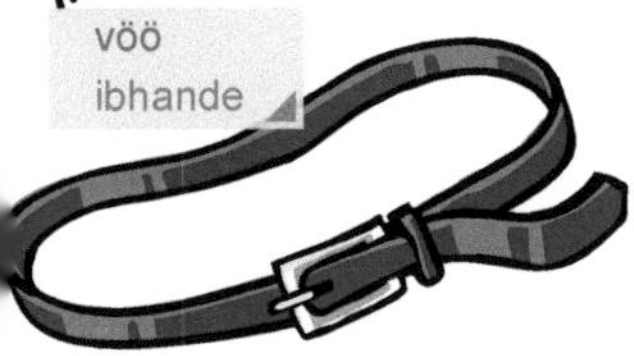

vöö
ibhande

vihmavari
i-amburela

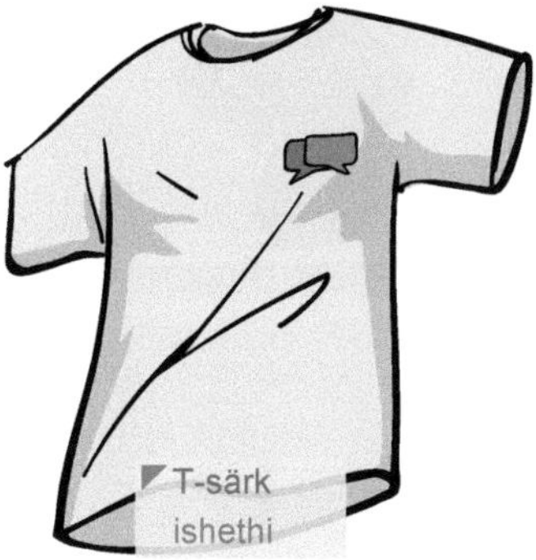

T-särk
ishethi

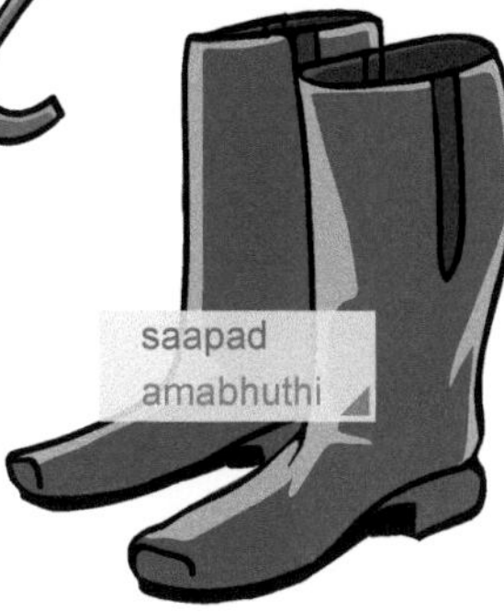

saapad
amabhuthi

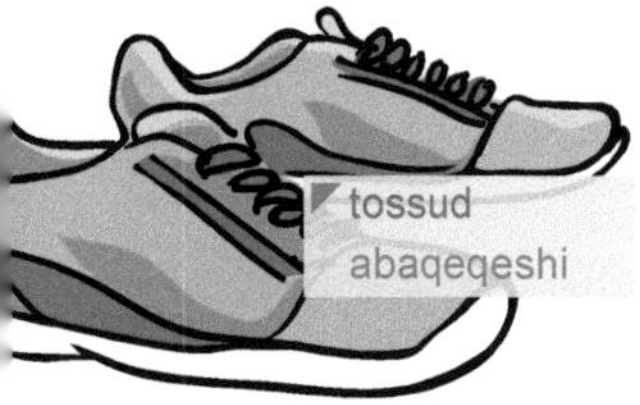

sussid
izicathulo zokulala

tossud
abaqeqeshi

sandaalid
amasandali

jalatsid
izicathulo

kummikud
amabhuthi erabha

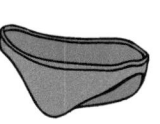

aluspüksid
iphenti

rinnahoidja
u-bra

vest
ivesti

riietus - izimpahla

bodi
umzimba

püksid
amabhulukwe

teksapüksid
amajini

seelik
isiketi

pluus
isikibha

särk
ishethi

sviiter
ijezi elinezigqoko

dressipluus
i-hoodie

bleiser
ibhuleyiza

jakk
ijakhethi

mantel
ijazi

vihmamantel
i-raincoat

kostüüm
ikhosyumu

kleit
ingubo

pulmakleit
ingubo yomshado

riietus - izimpahla

ülikond / isudu ·· öösärk / ingubo yokulala ·· pidžaama / amaphijama

sari / ingubo yesari ·· pearätt / isikhafu ·· turban / isigqoko se-turban

burka / ibhukha ·· kaftan / ingubo yekaftani ·· abayah / abaya

ujumistrikoo / mpahla yokubhukuda ·· ujumispüksid / amathranki ·· lühikesed püksid / isikhindi

dressid / i-tracksuit ·· põll / ingubo yokupheka ·· kindad / amagilavu

riietus - izimpahla

nööp	prillid	käevõru
ibhathini	izibuko	ibhengela

kaelakee	sõrmus	kõrvarõngas
umgexo	indandatho	amacici

nokamüts	riidepuu	kaabu
ikepisi	into yokuhenga ijazi	isigqoko

lips	tõmblukk	kiiver
uthayi	uziphu	ihelmethi

traksid	koolivorm	vormirõivad
ama-braces	iyunifomu yesikole	iyunifomu

riietus - izimpahla

pudipõll
ibhayi lengane

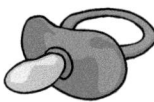
lutt
idemu

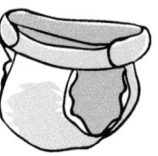
mähe
inabukeni

kontor
i-ofisi

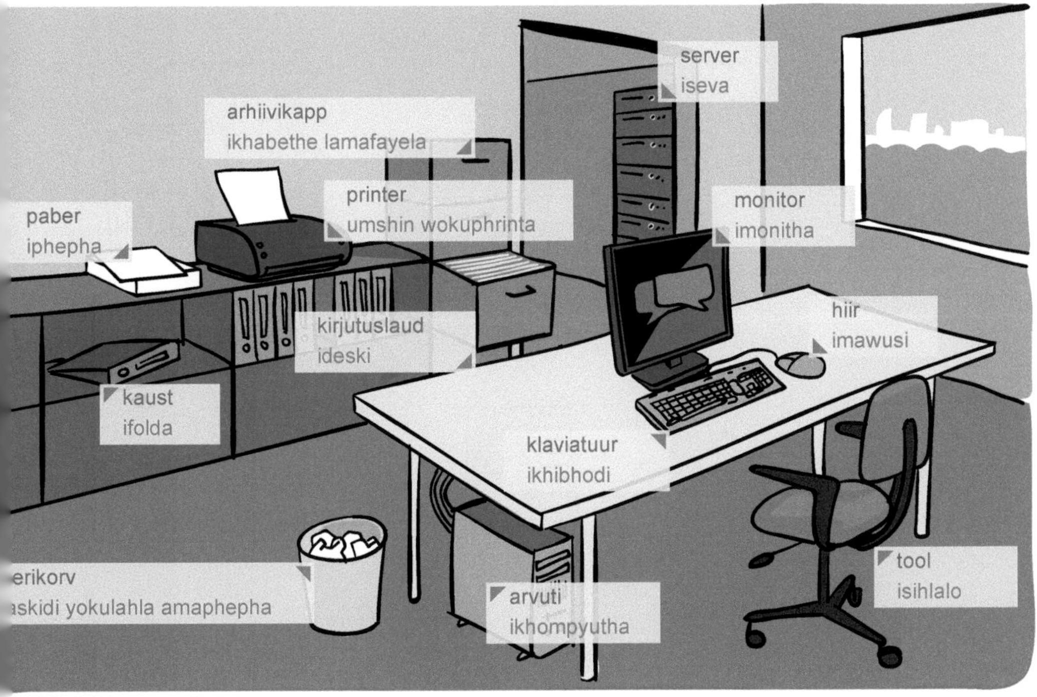

paber
iphepha

arhiivikapp
ikhabethe lamafayela

printer
umshin wokuphrinta

server
iseva

monitor
imonitha

hiir
imawusi

kirjutuslaud
ideski

kaust
ifolda

klaviatuur
ikhibhodi

arvuti
ikhompyutha

tool
isihlalo

prügikorv
paberikorv
iskidi yokulahla amaphepha

kohvikruus
imagi yekhofi

kalkulaator
ikhalkhuletha

internet
i-inthanethi

kontor - i-ofisi

sülearvuti	kiri	sõnum
ilephuthophu	incwadi	umyalezo

mobiiltelefon	võrk	koopiamasin
ifoni	inethiwekhi	ifothokhophi

tarkvara	telefon	pistikupesa
i-software	ucingo	indawo yokupulaka
	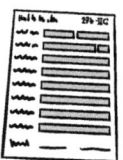	
faksimasin	vorm	dokument
umshini wokufeksa	ifomu	idokhumenti

kontor - i-ofisi

majandus
umnotho

ostma
thenga

maksma
khokha

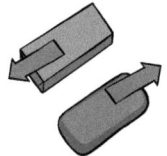
vahetama
shintshana

raha
imali

dollar
idola

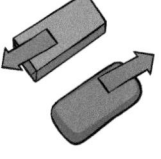

euro
i-euro

jeen
iyen

rubla
i-rouble

Šveitsi frank
iSwiss franc

renminbi jüaan
i-renminbi yuan

ruupia
i-rupee

sularahaautomaat
umshini wokukhipha imali

majandus - umnotho 51

valuutavahetuspunkt
i-bureau de change

kuld
igolide

hõbe
isiliva

nafta
amafutha

energia
amandla

hind
inani lemali

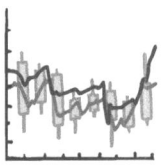

leping
ukuxhumana

maks
intela

aktsia
isitokwe

töötama
sebenza

töötaja
isisebenzi

tööandja
umqashi

tehas
ifekthri

kauplus
esitolo

ametid
imisebenzi

- politseinik / iphoyisa
- tuletõrjuja / indoda ecisha umlilo
- kokk / pheka
- arst / udokotela
- piloot / umshayeli wezindiza

aednik
umuntu onakekela ingadi

puusepp
umbazi

õmbleja
umthungi

kohtunik
ijaji

keemik
umuntu osebenza ekhemisi

näitleja
umlingisi

ametid - imisebenzi

bussijuht	taksojuht	kalamees
umshayeli webhasi	umshayeli wetekisi	indoda edoba izinhlanzi

koristaja	katusepaigaldaja	kelner
owesifazane ohlanzayo	umuntu olungisa uphahla	uweyita

jahimees	maaler	pagar
umzingeli	umuntu opendayo	umbhaki

elektrik	ehitaja	insener
umuntu osebenza ngogesi	umakhi	unjiniyela

lihunik	torumees	postiljon
indawo edayisa inyama	umuntu osebenza ngamapayipi	indoda yaseposini

ametid - imisebenzi

sõdur
isosha

arhitekt
umdwebi wezakhiwo

kassapidaja
umbali wemali

lillemüüja
umuntu otshala izimbali

juuksur
umuntu owenza izinwele

piletikontrolör
umqondisi wasesitimeleni

mehaanik
umakhenikha

kapten
ukaputeni

hambaarst
udokotela wamazinyo

teadlane
usosayensi

rabi
urabi

imaam
imam

munk
indela

preester
umfundisi

ametid - imisebenzi

tööriistad
amathuluzi

haamer
isando

tangid
i-pliers

kruvikeeraja
i-screwdriver

mutrivõti
isipanela

taskulamp
ithoshi

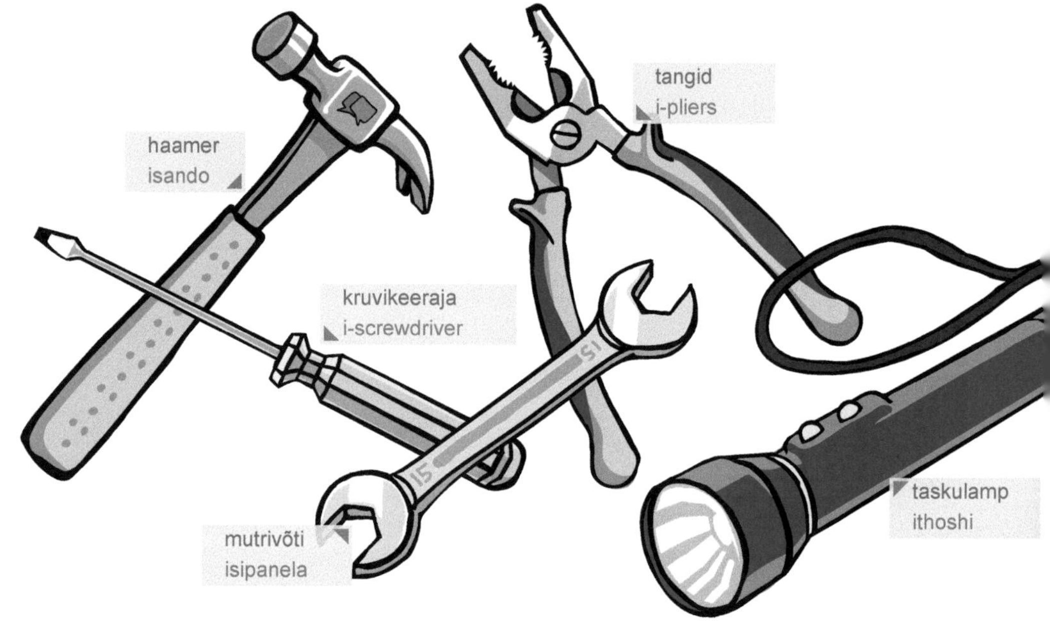

ekskavaator
umshini wokumba

tööriistakast
ibhokisi lamathuluzi

redel
isitebhisi

saag
isaha

naelad
izinzipho

trell
i-drill

tööriistad - amathuluzi

parandama
lungisa

labidas
ifosholo

Põrgusse!
Damethi!

kühvel
idastipheni

värvipott
ithini likapende

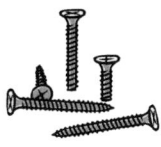
kruvid
i-screws

pillid
izinsimbi zomculo

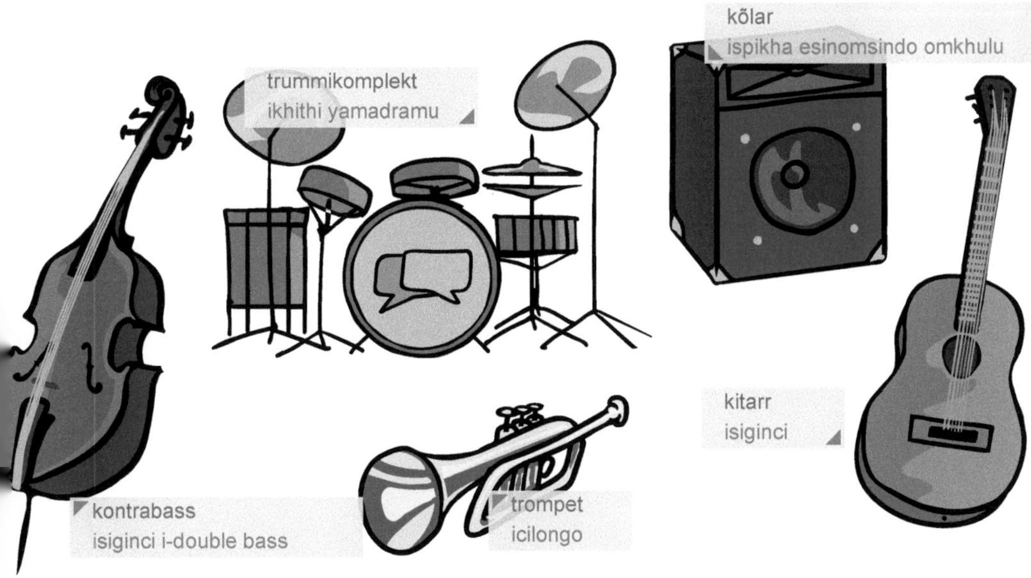

kõlar
ispikha esinomsindo omkhulu

trummikomplekt
ikhithi yamadramu

kitarr
isiginci

kontrabass
isiginci i-double bass

trompet
icilongo

klaver
ipiyano

viiul
ivayolini

bass
i-bass

timpan
ithimpani

trummid
amadramu

süntesaator
i-keyboard

saksofon
i-saxophone

flööt
umtshingo

mikrofon
imakhrofoni

pillid - izinsimbi zomculo

loomaaed
esiqiwini

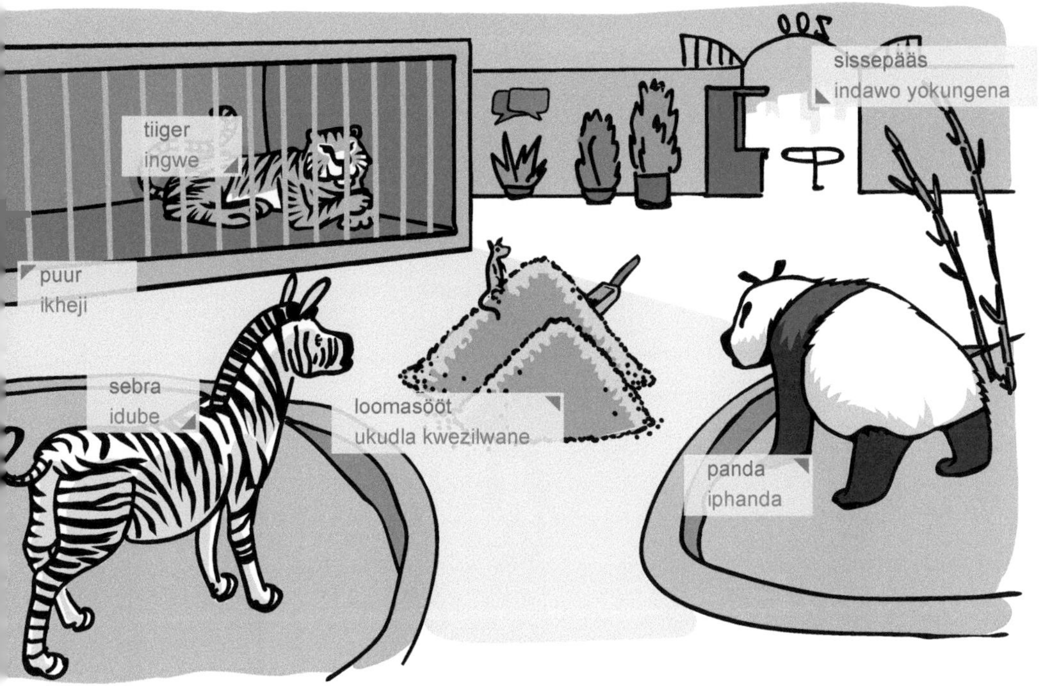

tiiger / ingwe

sissepääs / indawo yokungena

puur / ikheji

sebra / idube

loomasööt / ukudla kwezilwane

panda / iphanda

loomad
izilwane

elevant
indlovu

känguru
ikhangaru

ninasarvik
ubhejane

gorilla
igorila

karu
ibhele

kaamel

ikamela

jaanalind

intshe

lõvi

ingonyama

ahv

inkawu

flamingo

i-flamingo

papagoi

upholi

jääkaru

ibhele laseqhweni

pingviin

iphenguwini

hai

ushaka

paabulind

ipigogo

madu

inyoka

krokodill

ingwenya

loomaaiatalitaja

umgcini wezilwane

hüljes

isilwane saseqhweni

jaaguar

ijaguwa

loomaaed - esiqiwini

poni
iponi

leopard
ingwe

jõehobu
imvubu

kaelkirjak
indlulamithi

kotkas
ukhozi

metssiga
intibane

kala
inhlanzi

kilpkonn
ufudu

morsk
i-walrus

rebane
ujakalase

gasell
inyamazane igazele

loomaaed - esiqiwini

sport
imidlalo

tegevused
imisebenzi

hüppama / gxuma
kallistama / haga
naerma / hleka
jalutama / hamba
laulma / cula
unistama / phupha
palvetama / thandaza
suudlema / cabuza

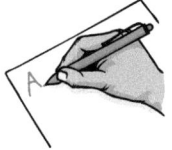

kirjutama
bhala

joonistama
dweba

näitama
bonisa

lükkama
phusha

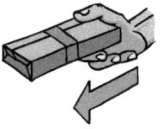

andma
nikeza

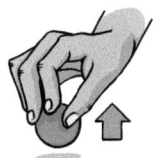

võtma
thatha

tegevused - imisebenzi

omama
yiba

tegema
yenza

olema
yiba

seisma
sukuma

jooksma
gijima

tõmbama
donsa

viskama
phonsa

kukkuma
yiwa

lamama
amanga

ootama
linda

kandma
thwala

istuma
hlala

riidesse panema
gqoka

magama
lala

ärkama
vuka

tegevused - imisebenzi

vaatama
bukela

nutma
khala

paitama
qhweba

kammima
kama

rääkima
khuluma

aru saama
qonda

küsima
buza

kuulama
lalela

jooma
phuza

sööma
idla

korrastama
coca

armastama
thanda

süüa tegema
pheka

sõitma
shayela

lendama
ndiza

tegevused - imisebenzi

purjetama
hamba ngomkhumbi

arvutama
bala

lugema
funda

õppima
funda

töötama
sebenza

abielluma
shada

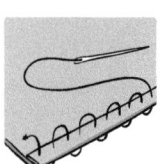
õmblema
thunga

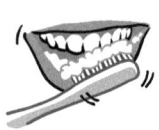
hambaid pesema
geza amazinyo

tapma
bulala

suitsetama
bhema

saatma
thumela

tegevused - imisebenzi

perekond
umndeni

- vanaema / ugogo
- vanaisa / umkhulu
- isa / ubaba
- ema / umama
- imik / ingane
- tütar / indodakazi
- poeg / indodana

külaline
isivakashi

tädi
u-anti

onu
umalume

vend
umfowethu

õde
udadewethu

keha
umzimba

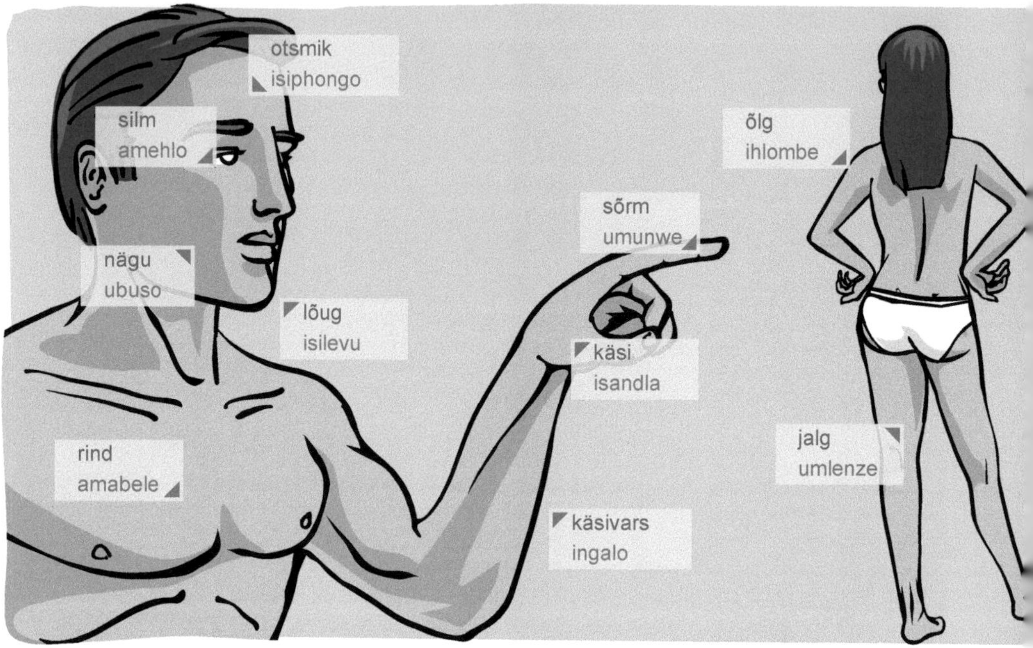

otsmik / isiphongo
silm / amehlo
nägu / ubuso
lõug / isilevu
sõrm / umunwe
käsi / isandla
rind / amabele
käsivars / ingalo
õlg / ihlombe
jalg / umlenze

imik
ingane

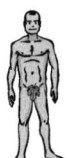

mees
indoda

naine
owesifazane

tüdruk
intombazane

poiss
umfana

pea
ikhanda

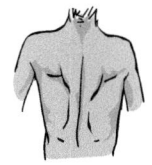

selg
umhlane

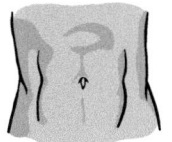

kõht
isisu

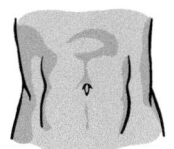

naba
inkaba

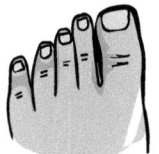

varvas
izinzwane

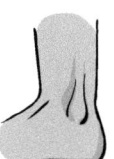

kand
isithende

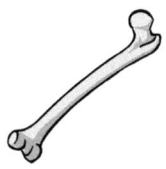

luu
ithambo

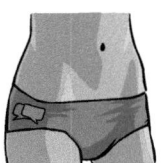

puus
inqulu

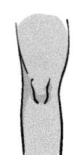

põlv
idolo

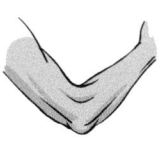

küünarnukk
indololwane

nina
ikhala

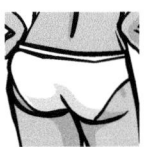

tagumik
ingenzansi

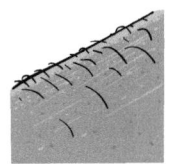

nahk
isikhumba

põsk
iziqhomo

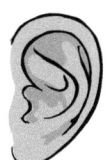

kõrv
indlebe

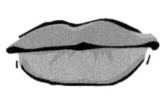

huuled
udebe

keha - umzimba

suu
umlomo

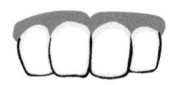
hammas
amazinyo

keel
ulimu

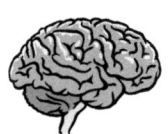
aju
ingqondo

süda
inhliziyo

lihas
imasela

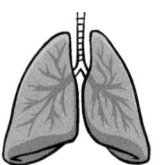
kops
uphaphe

maks
isibindi

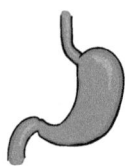
magu
isisu

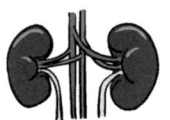
neerud
izinso

seksuaalvahekord
ucansi

kondoom
ikhondomu

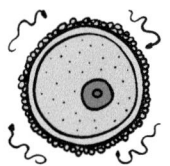
munarakk
iqanda

sperma
isidoda

rasedus
ukukhulelwa

keha - umzimba

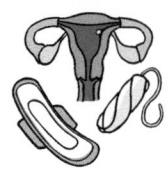
menstruatsioon
ukuya esikhathini

vagiina
imomozi

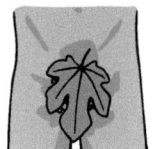
peenis
umthondo

kulm
ishiya

juuksed
izinwele

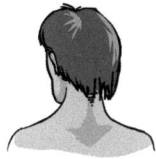
kael
intamo

keha - umzimba

haigla
isibhedlela

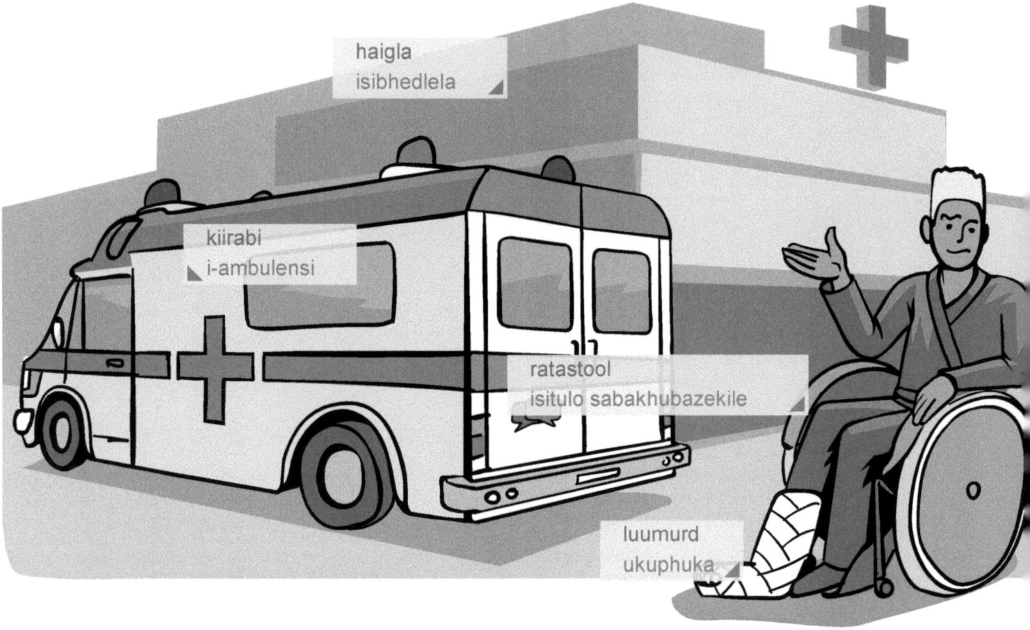

haigla
isibhedlela

kiirabi
i-ambulensi

ratastool
isitulo sabakhubazekile

luumurd
ukuphuka

arst
udokotela

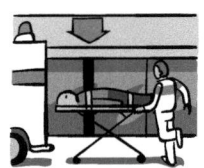

traumapunkt
igumbi leziguli ezidinga ukwelashwa okuphuthumayo

meditsiiniõde
umhlengikazi

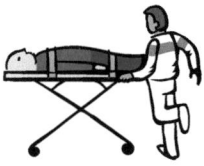

hädaolukord
izimo eziphuthumayo

teadvuseta
ukuquleka

valu
ubuhlungu

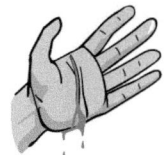
vigastus
ukulimala

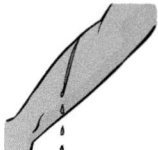
verejooks
ukopha

südamerabandus
isifo senhliziyo

insult
kushaywa unhlangothi

allergia
ukungazwani komzimba nezinto ezithile

köha
ukukhwehlela

palavik
imfiva

gripp
umkhuhlane

kõhulahtisus
ukuhuda

peavalu
ukuphathwa ikhanda

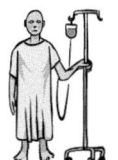
vähk
umdlavuza

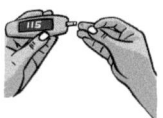
diabeet
isifo sikashukela

kirurg
udokotela ohlinzayo

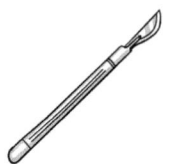
skalpell
isikalpheli

operatsioon
ukuhlinzwa

haigla - isibhedlela

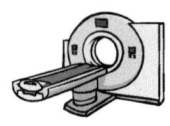
KT
CT

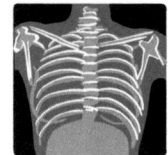
röntgen
i-x-ray

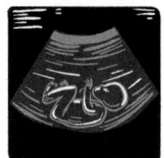
ultraheli
i-ultrasound

mask
imaskhi yasebusweni

haigus
isifo

ooteruum
igumbi lokulinda

kark
izinduko zokuhamba

kips
iplasta

side
ibhandishi

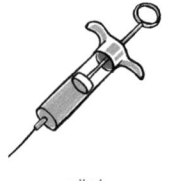
süst
umjovo

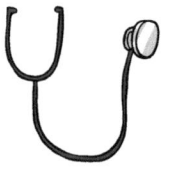
stetoskoop
izipopolo zikadokotela

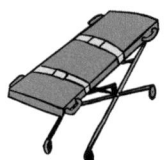
kanderaam
i-stretcher

kraadiklaas
umshini okala izinga lokushisa

sünd
ukubeletha

ülekaaluline
ukukhuluphala ngokweqile

haigla - isibhedlela

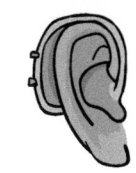
kuuldeaparaat
insizwa yokuzwa

desinfektsioonivahend
ukungatheleleki

põletik
ukutheleleka

viirus
ivariyasi

HIV / AIDS
HIV / AIDS

meditsiin
umuthi

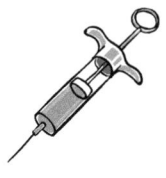
vaktsineerimine
umgomo

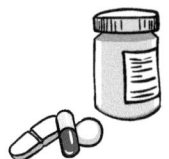
tabletid
amaphilisi

pill
amaphilisi

hädaabikõne
cingo oluphuthumayo

vererõhuaparaat
umshini okala umfutho wegazi

haige / terve
ukugula / ukuba umqemane

haigla - isibhedlela

hädaolukord
izimo eziphuthumayo

Appi! Sizani!	 häire i-alamu	 kallaletung ukuhlasela
 rünnak ukuhlasela	 oht ingozi	 avariiväljapääs indawo yokubalekela ngaphansi kwezimo eziphuthumayo
Tulekahju! Umlimo!	 tulekustuti isicimamlilo	 õnnetus ingozi
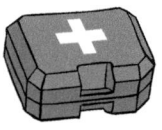 esmaabikomplekt ikhithi yosizo lokuqala	 SOS SOS	 politsei amaphoyisa

Maa
Umhlaba

Euroopa
Europe

Põhja-Ameerika
North America

Lõuna-Ameerika
South America

Aafrika
Africa

Aasia
Asia

Austraalia
Australia

Atlandi ookean
Atlantic

Vaikne ookean
Pacific

India ookean
Indian Ocean

Lõuna-Jäämeri
Antarctic Ocean

Põhja-Jäämeri
Arctic Ocean

põhjapoolus
North Pole

lõunapoolus
South Pole

Antarktika
Antarctica

Maa
Umhlaba

maismaa
umhlaba

meri
izilwandle

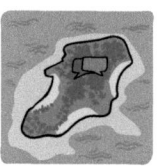

saar
isiqhingi

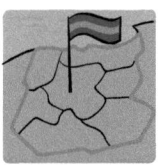

rahvus
izwe

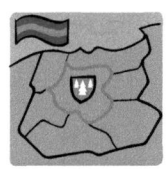

riik
inhlangano engokomthetho

kell
iwashi

sihverplaat

ubuso bewashi

tunniosuti

isandla sehora

minutiosuti

isandla semizuzu

sekundiosuti

isandla sesibili

Mis kell on?

Ubani isikhathi?

päev

usuku

aeg

isikhathi

praegu

manje

digitaalne kell

iwashi lezibalo

minut

umzuzu

tund

ihora

kell - iwashi

nädal
iviki

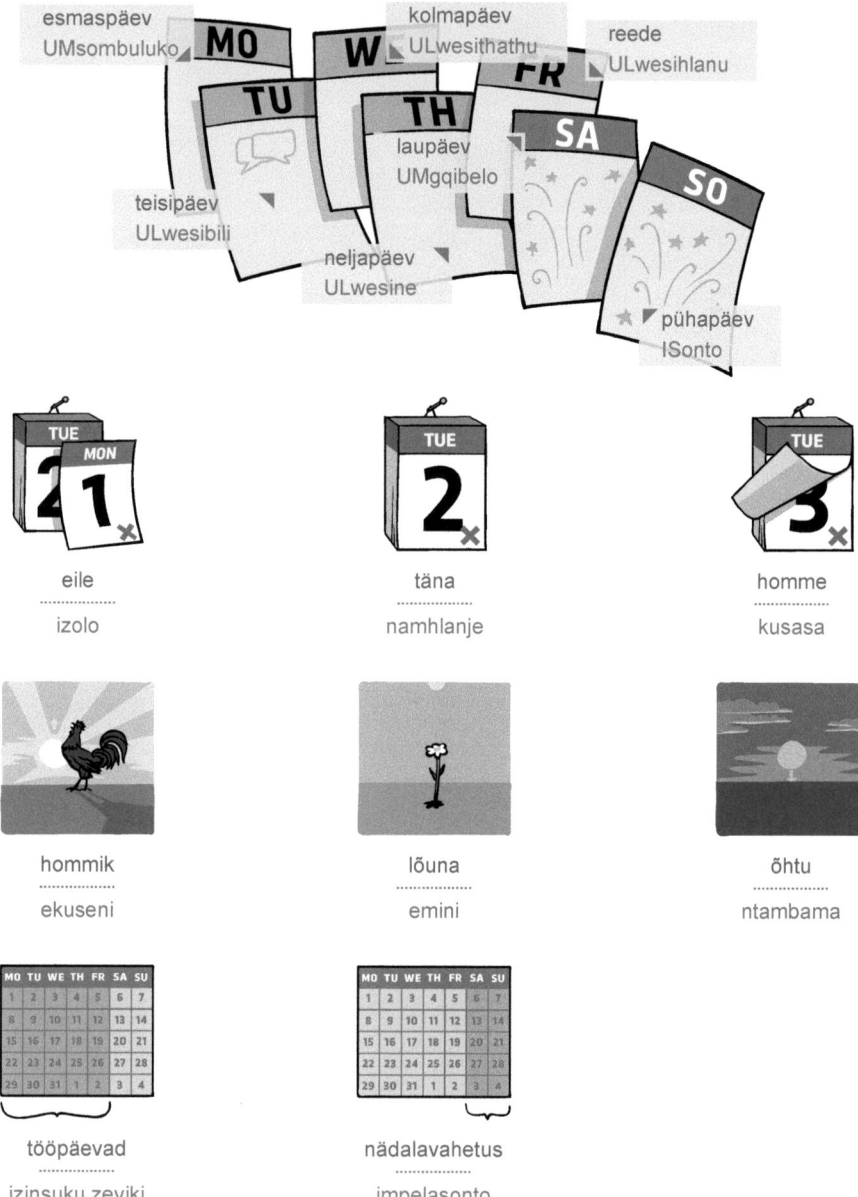

esmaspäev UMsombuluko
teisipäev ULwesibili
kolmapäev ULwesithathu
neljapäev ULwesine
reede ULwesihlanu
laupäev UMgqibelo
pühapäev ISonto

eile
izolo

täna
namhlanje

homme
kusasa

hommik
ekuseni

lõuna
emini

õhtu
ntambama

tööpäevad
izinsuku zeviki

nädalavahetus
impelasonto

aasta
unyaka

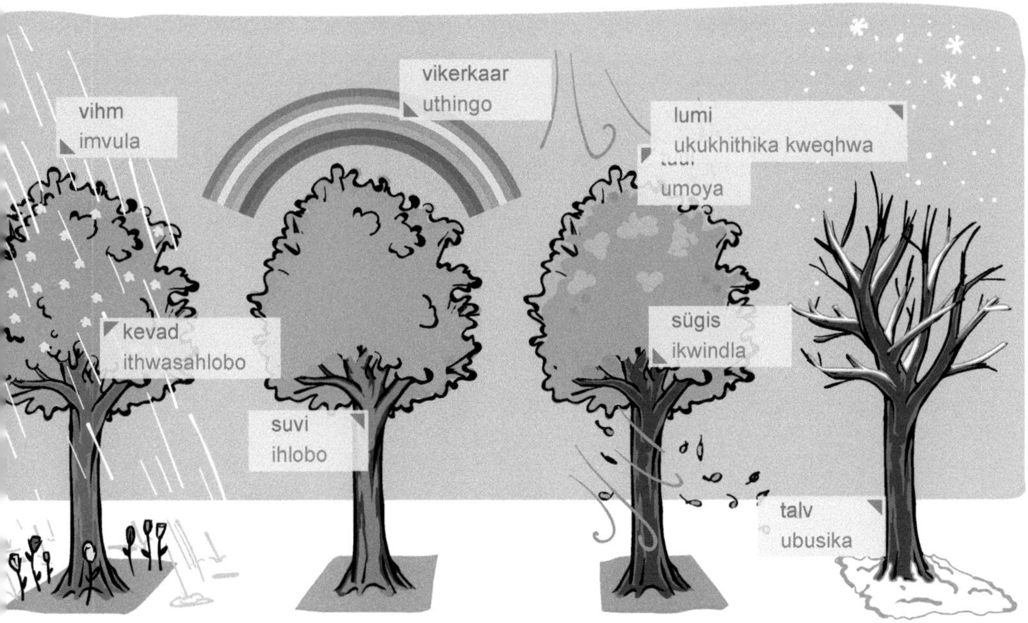

- vihm / imvula
- vikerkaar / uthingo
- lumi / ukukhithika kweqhwa
- tuul / umoya
- kevad / ithwasahlobo
- suvi / ihlobo
- sügis / ikwindla
- talv / ubusika

ilmaennustus
isimo sezulu

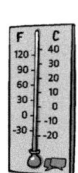

termomeeter
umshini wezinga lokushisa

päikesepaiste
ukushisa kwelanga

pilv
amafu

udu
inkungu

niiskus
umswakama

aasta - unyaka

pikne
ummbani

kõu
ukuduma kwezulu

torm
isiphepho

rahe
isichotho

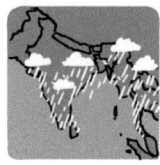
mussoon
imvula enkulu

üleujutus
izikhukhula

jää
iqhwa

jaanuar
UMasingana

veebruar
UNhlolanja

märts
UNdasa

aprill
UMbasa

mai
UNhlaba

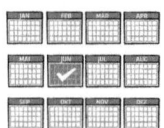
juuni
UNhlangulana

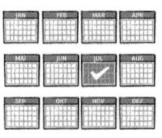
juuli
UNtulikazi

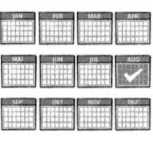
august
UNcwaba

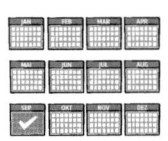
september
UMandulo

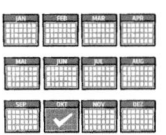
oktoober
UMfumfu

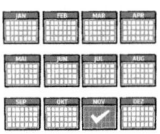
november
ULwezi

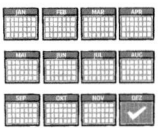
detsember
UZibandlela

kujundid
amasheyphu

ring
indilinga

ruut
isikwele

nelinurk
unxande

kolmnurk
unxantathu

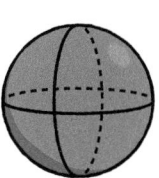
kera
i-sphere

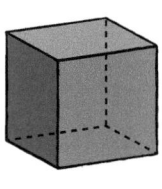
kuup
i-cube

värvid
imibala

valge
kumhlophe

kollane
kuphuzi

oranž
ku-olenji

roosa
kuphinki

punane
kumbomvu

lilla
kuphephuli

sinine
kuluhlaza okwesibhakabhaka

roheline
kuluhlaza

pruun
kubhrawuni

hall
kuphashile

must
kumnyama

vastandid
izinto ezingafani

palju / vähe

kakhulu / kancane

vihane / rahulik

ukucasuka / ubumnene

ilus / inetu

ubuhle / ububi

algus / lõpp

isiqalo / isiphetho

suur / väike

kukhulu / kuncane

hele / tume

kuyakhanya / kumnyama

vend / õde

mfowethu / udadewethu

puhas / must

ukuhlanzeka / ukungcola

täielik / puudulik

ukuphelela / ukungapheleli

päev / öö

imini / ubusuku

surnud / elus

ukufa / ukuphila

lai / kitsas

ukuvuleka / ukunyinyeka

söödav / mittesöödav	kuri / sõbralik	põnevil / tüdinud
okudliwayo / okungadliwa	ukukhohlakala / umusa	ukujabula / isithukuthezi

paks / peenike	esimene / viimane	sõber / vaenlane
ukunona / ukuzaca	ukuqala / ukugcina	umngane / isitha

täis / tühi	kõva / pehme	raske / kerge
ukugcwala / ukuphela	ubunzima / ukuthamba	ukusinda / ukubalula

nälg / janu	haige / terve	ebaseaduslik / seaduslik
ukulamba / ukoma	ukugula / ukuba umqemane	ngokomthetho / okungekho emthethweni

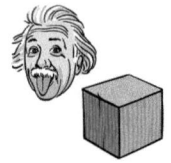  

tark / rumal	vasak / parem	lähedal / kaugel
ukuhlakanipha / isiphukuphuku	isinxele / esokudla	eduze / kude

vastandid - izinto ezingafani

uus / kasutatud
kusha / sekusebenzile

mitte midagi / midagi
utho / okuthile

vana / noor
okudala / okusha

sees / väljas
vuliwe / kucishiwe

lahti / kinni
vula / vala

vaikne / vali
kuthulekile / kunomsindo

rikas / vaene
ukuceba / ubumpofu

õige / vale
kulungile / akulungile

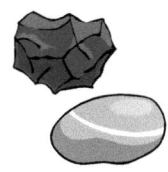
kare / sile
kugadlazekile / kuyashelela

kurb / rõõmus
dabuka / jabula

lühike / pikk
kufishane / kude

aeglane / kiire
kuyanensa / kuyashesha

märg / kuiv
ukuba manzi / ukoma

soe / jahe
ukufudumala / ukuphola

sõda / rahu
ukulwa / ukuthula

vastandid - izinto ezingafani

numbrid
izinombolo

0
null
uziro

1
üks
kunye

2
kaks
kubili

3
kolm
kuthathu

4
neli
kune

5
viis
kuhlanu

6
kuus
isithupha

7
seitse
isikhombisa

8
kaheksa
isishiyagalombili

9
üheksa
isishiyagalolunye

10
kümme
ishumi

11
üksteist
ishumi nanye

12
kaksteist
ishumi nambili

13
kolmteist
ishumi nantathu

14
neliteist
ishumi nane

15
viisteist
ishumi nanhlanu

16
kuusteist
ishumi nesithupha

17
seitseteist
ishumi nesikhombisa

18
kaheksateist
ishumi nesishiyagalombili

19
üheksateist
ishumi nesishiyagalolunye

20
kakskümmend
amashumi amabili

100
sada
ikhulu

1.000
tuhat
inkulungwane

1.000.000
miljon
izigidi

keeled
izilimi

inglise
isiNgisi

Ameerika inglise
isiNgisi saseMelika

mandariini
isiMandarin saseShayina

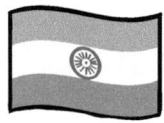

hindi
isiHindi

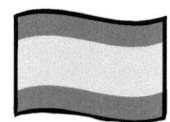

hispaania
iSpanishi

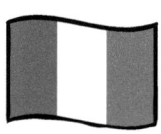

prantsuse
isiFulentshi

araabia
isi-Arabhu

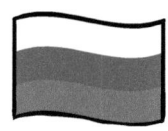

vene
isiRashiya

portugali
isiPutukezi

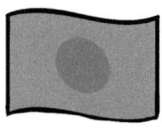

bengali
isiBengali

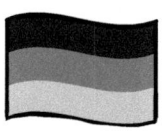

saksa
isiJalimane

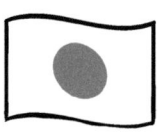

jaapani
isiJapane

kes / mis / kuidas
ubani / ini / kanjani

mina
Mina

sina
wena

tema
u / u / ku

meie
thina

teie
nina

nemad
bona

kes?
ubani?

mis?
ini?

kuidas?
kanjani?

kus?
kuphi?

millal?
nini?

nimi
igama

kus
kuphi

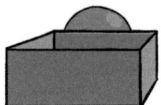

taga
ngemuva

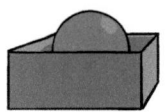

sees
ngaphakathi

ees
phambi kwe

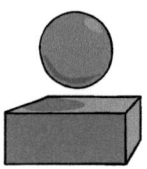

kohal
phezulu

peal
ngaphezulu

all
ngaphansi

kõrval
eceleni

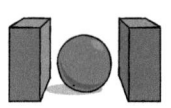

vahel
phakathi

koht
indawo